Belongs to

2021

January

Mo	Tu	We	Th	Fr	Sa	Su
				1	2	3
4	5	6	7	8	9	10
11	12	13	14	15	16	17
18	19	20	21	22	23	24
25	26	27	28	29	30	31

February

Mo	Tu	We	Th	Fr	Sa	Su
1	2	3	4	5	6	7
8	9	10	11	12	13	14
15	16	17	18	19	20	21
22	23	24	25	26	27	28

March

Mo	Tu	We	Th	Fr	Sa	Su
1	2	3	4	5	6	7
8	9	10	11	12	13	14
15	16	17	18	19	20	21
22	23	24	25	26	27	28
29	30	31				

April

Mo	Tu	We	Th	Fr	Sa	Su
			1	2	3	4
5	6	7	8	9	10	11
12	13	14	15	16	17	18
19	20	21	22	23	24	25
26	27	28	29	30		

May

Mo	Tu	We	Th	Fr	Sa	Su
					1	2
3	4	5	6	7	8	9
10	11	12	13	14	15	16
17	18	19	20	21	22	23
24	25	26	27	28	29	30
31						

June

Mo	Tu	We	Th	Fr	Sa	Su
	1	2	3	4	5	6
7	8	9	10	11	12	13
14	15	16	17	18	19	20
21	22	23	24	25	26	27
28	29	30				

July

Mo	Tu	We	Th	Fr	Sa	Su
			1	2	3	4
5	6	7	8	9	10	11
12	13	14	15	16	17	18
19	20	21	22	23	24	25
26	27	28	29	30	31	

August

Mo	Tu	We	Th	Fr	Sa	Su
						1
2	3	4	5	6	7	8
9	10	11	12	13	14	15
16	17	18	19	20	21	22
23	24	25	26	27	28	29
30	31					

September

Mo	Tu	We	Th	Fr	Sa	Su
		1	2	3	4	5
6	7	8	9	10	11	12
13	14	15	16	17	18	19
20	21	22	23	24	25	26
27	28	29	30			

October

Mo	Tu	We	Th	Fr	Sa	Su
				1	2	3
4	5	6	7	8	9	10
11	12	13	14	15	16	17
18	19	20	21	22	23	24
25	26	27	28	29	30	31

November

Mo	Tu	We	Th	Fr	Sa	Su
1	2	3	4	5	6	7
8	9	10	11	12	13	14
15	16	17	18	19	20	21
22	23	24	25	26	27	28
29	30					

December

Mo	Tu	We	Th	Fr	Sa	Su
		1	2	3	4	5
6	7	8	9	10	11	12
13	14	15	16	17	18	19
20	21	22	23	24	25	26
27	28	29	30	31		

IMPORTANT DATES

January	February
March	April
May	June
July	August
September	October
November	December

January

Goals this week	To do

Mon 28	Tue 29	Wed 30

January

Thu 31

Fri 01

Sat 02

Notes

Sun 03

January

Goals this week

To do

Mon 04

Tue 05

Wed 06

January

Thu 07

Fri 08

Sat 09

Notes

Sun 10

January

Goals this week

To do

Mon 11

Tue 12

Wed 13

January

Thu 14

Fri 15

Sat 16

Notes

Sun 17

January

Goals this week

To do

•
•
•
•
•
•
•
•
•

Mon 18

Tue 19

Wed 20

January

Thu 21

Fri 22

Sat 23

Notes

Sun 24

January

Goals this week

To do

Mon 25

Tue 26

Wed 27

January

Thu 28

Fri 29

Sat 30

Notes

Sun 31

February

Goals this week

To do

-
-
-
-
-
-
-
-
-

Mon 01

Tue 02

Wed 03

February

Thu 04

Fri 05

Sat 06

Notes

Sun 07

February

Goals this week

To do

Mon 08

Tue 09

Wed 10

February

Thu 11

Fri 12

Sat 13

Notes

Sun 14

February

Goals this week

To do

Mon 15

Tue 16

Wed 17

February

Thu 18

Fri 19

Sat 20

Notes

Sun 21

February

Goals this week

To do

Mon 22

Tue 23

Wed 24

February

Thu 25

Fri 26

Sat 27

Notes

Sun 28

March

Goals this week

To do

-
-
-
-
-
-
-
-
-

Mon 01

Tue 02

Wed 03

March

Thu 04

Fri 05

Sat 06

Notes

Sun 07

March

Goals this week

To do

Mon 08

Tue 09

Wed 10

March

Thu 11

Fri 12

Sat 13

Notes

Sun 14

March

Goals this week

To do

Mon 15

Tue 16

Wed 17

March

Thu 18

Fri 19

Sat 20

Notes

Sun 21

March

Goals this week

To do

Mon 22

Tue 23

Wed 24

March

Thu 25

Fri 26

Sat 27

Notes

Sun 28

March

Goals this week

To do

Mon 29

Tue 30

Wed 31

April

Thu 01

Fri 02

Sat 03

Notes

Sun 04

April

Goals this week

To do

Mon 05

Tue 06

Wed 07

April

Thu 08

Fri 09

Sat 10

Notes

Sun 11

April

Goals this week	To do

Mon 12

Tue 13

Wed 14

April

Thu 15

Fri 16

Sat 17

Notes

Sun 18

April

Goals this week

To do

Mon 19

Tue 20

Wed 21

April

Thu 22

Fri 23

Sat 24

Notes

Sun 25

April

Goals this week

To do

Mon 26

Tue 27

Wed 28

April

Thu 29

Fri 30

Sat 01

Notes

Sun 02

May

Goals this week

To do

Mon 03

Tue 04

Wed 05

May

Thu 06

Fri 07

Sat 08

Notes

Sun 09

May

Goals this week

To do

Mon 10

Tue 11

Wed 12

May

Thu 13

Fri 14

Sat 15

Notes

Sun 16

May

Goals this week

To do

Mon 17

Tue 18

Wed 19

May

Thu 20

Fri 21

Sat 22

Notes

Sun 23

May

Goals this week

To do

-
-
-
-
-
-
-
-
-

Mon 24

Tue 25

Wed 26

May

Thu 27

Fri 28

Sat 29

Notes

Sun 30

June

Goals this week

To do

-
-
-
-
-
-
-
-
-

Mon	31	Tue	01	Wed	02

June

Thu 03

Fri 04

Sat 05

Notes

Sun 06

June

Goals this week

To do

Mon 07

Tue 08

Wed 09

June

Thu 10

Fri 11

Sat 12

Notes

Sun 13

June

Goals this week

To do

•
•
•
•
•
•
•
•
•

Mon 14

Tue 15

Wed 16

June

Thu 17

Fri 18

Sat 19

Notes

Sun 20

June

Goals this week

To do

Mon 21

Tue 22

Wed 23

June

Thu 24

Fri 25

Sat 26

Notes

Sun 27

June

Goals this week

To do

Mon 28

Tue 29

Wed 30

July

Thu 01

Fri 02

Sat 03

Notes

Sun 04

July

Goals this week

To do

Mon 05

Tue 06

Wed 07

July

Thu 08

Fri 09

Sat 10

Notes

Sun 11

July

Goals this week

To do

-
-
-
-
-
-
-
-
-

Mon 12

Tue 13

Wed 14

July

Thu 15

Fri 16

Sat 17

Notes

Sun 18

July

Goals this week

To do

Mon 19

Tue 20

Wed 21

July

Thu 22

Fri 23

Sat 24

Notes

Sun 25

July

Goals this week

To do

Mon 26

Tue 27

Wed 28

July

Thu 29

Fri 30

Sat 31

Notes

Sun 01

August

Goals this week

To do

-
-
-
-
-
-
-
-
-

Mon 02

Tue 03

Wed 04

August

Thu 05

Fri 06

Sat 07

Notes

Sun 08

August

Goals this week

To do

Mon 09

Tue 10

Wed 11

August

Thu 12

Fri 13

Sat 14

Notes

Sun 15

August

Goals this week

To do

•
•
•
•
•
•
•
•
•

Mon 16

Tue 17

Wed 18

August

Thu 19

Fri 20

Sat 21

Notes

Sun 22

August

Goals this week

To do

-
-
-
-
-
-
-
-
-

Mon 23	Tue 24	Wed 25

August

Thu 26

Fri 27

Sat 28

Notes

Sun 29

August

Goals this week

To do

-
-
-
-
-
-
-
-
-

Mon 30

Tue 31

Wed 01

September

Thu 02

Fri 03

Sat 04

Notes

Sun 05

September

Goals this week

To do

-
-
-
-
-
-
-
-
-

Mon 06	Tue 07	Wed 08

September

Thu 09

Fri 10

Sat 11

Notes

Sun 12

September

Goals this week

To do

Mon 13

Tue 14

Wed 15

September

Thu 16

Fri 17

Sat 18

Notes

Sun 19

September

Goals this week

To do

•
•
•
•
•
•
•
•
•

Mon 20

Tue 21

Wed 22

September

Thu 23

Fri 24

Sat 25

Notes

Sun 26

September

Goals this week

To do

-
-
-
-
-
-
-
-
-

Mon 27	Tue 28	Wed 29

October

Thu 30

Fri 01

Sat 02

Notes

Sun 03

October

Goals this week

To do

Mon 04

Tue 05

Wed 06

October

Thu 07

Fri 08

Sat 09

Notes

Sun 10

October

Goals this week

To do

Mon 11

Tue 12

Wed 13

October

Thu 14

Fri 15

Sat 16

Notes

Sun 17

October

Goals this week

To do

Mon 18

Tue 19

Wed 20

October

Thu 21

Fri 22

Sat 23

Notes

Sun 24

October

Goals this week

To do

•
•
•
•
•
•
•
•
•

Mon 25

Tue 26

Wed 27

October

Thu 28

Fri 29

Sat 30

Notes

Sun 31

November

Goals this week

To do

Mon 01

Tue 02

Wed 03

November

Thu 04

Fri 05

Sat 06

Notes

Sun 07

November

Goals this week

To do

Mon 08

Tue 09

Wed 10

November

Thu 11

Fri 12

Sat 13

Notes

Sun 14

November

Goals this week

To do

Mon 15

Tue 16

Wed 17

November

Thu 18

Fri 19

Sat 20

Notes

Sun 21

November

Goals this week

To do

•
•
•
•
•
•
•
•
•

Mon 22

Tue 23

Wed 24

November

Thu 25

Fri 26

Sat 27

Notes

Sun 28

November

Goals this week

To do

Mon 29

Tue 30

Wed 01

December

Thu 02

Fri 03

Sat 04

Notes

Sun 05

December

Goals this week

To do

Mon 06

Tue 07

Wed 08

December

Thu 09

Fri 10

Sat 11

Notes

Sun 12

December

Goals this week

To do

Mon 13

Tue 14

Wed 15

December

Thu 16

Fri 17

Sat 18

Notes

Sun 19

December

Goals this week

To do

Mon 20

Tue 21

Wed 22

December

Thu 23

Fri 24

Sat 25

Notes

Sun 26

December

Goals this week

To do

Mon 27

Tue 28

Wed 29

December

Thu 30

Fri 31

Sat 01

Notes

Sun 02

Notes

Notes

CONTACTS

Name	Details

CONTACTS

Name	Details

www.ingramcontent.com/pod-product-compliance
Ingram Content Group UK Ltd.
Pitfield, Milton Keynes, MK11 3LW, UK
UKHW061829190726
13853UKWH00009B/2522

9 798727 729397